CRIMINI

CASI DI VITA REALE

ANDRES DONATO CASTRO

Copyright © 2020ANDRESDONATOCASTRO

UNA DEDICA SPECIALE AI MIEI COLLEGHI
DELLA FACOLTÀ DI GIURISPRUDENZA

CONTENUTI

UN RINGRAZIAMENTO SPECIALE AI MIEI AMATI

CAPITOLO 1

L'economia mondiale è stata gravemente colpita da questa pandemia. Molte famiglie hanno perso le loro fonti di reddito e milioni di posti di lavoro sono andati persi in tutto il mondo. La disperazione ha portato molte famiglie che, cercando di avere un piatto di cibo al giorno, hanno cercato modi innovativi per andare avanti. Come molti altri, l'economia peruviana ha subito un impatto negativo; ma questo, fondamentalmente, a causa dell'informalità in cui lavorano molti peruviani e dello scarso interesse dello Stato nel voler risolvere questo problema.

 Rosa e Javier sono una giovane coppia sposata. Ha 34 anni, mentre Rosa ne ha 25. Nel loro rapporto non c'erano quasi problemi, e se c'erano li risolvevano sempre in armonia e con molto dialogo. Erano una coppia solida che si amava moltissimo. Avevano un figlio di 5 anni e hanno sempre cercato di dargli il meglio in modo che crescesse sano e in mezzo a un buon ambiente per lui. Come ho detto prima, la situazione economica nel paese è peggiorata a causa della pandemia e, sfortunatamente, Javier è stato licenziato dal suo posto di lavoro. Ha lavorato nella città di Ica, in Perù. Ica è una delle città più grandi del paese e dove l'occupazione formale stava crescendo positivamente. In effetti, era una delle poche città in cui i lavoratori potevano chiedere e far valere i propri diritti del lavoro. Grazie a questo vantaggio, Javier è stato in grado di ricevere una buona quantità di denaro, a causa dei suoi anni e del tempo di servizio lavorato. Questo denaro è stato utilizzato per investire in una piccola impresa. Rosa aveva studiato alcune problematiche legate alla bellezza umana e per questo motivo entrambe decisero di investire i soldi in un piccolo salone di bellezza. Sebbene la maggior parte delle attività commerciali fosse vietata, il settore della bellezza era consentito, purché i protocolli di protezione e salute fossero rispettati.

All'inizio le cose iniziarono ad andare meravigliosamente, Rosa riuscì ad avere una clientela numerosa. Naturalmente, questo gli ha permesso di avere un reddito extra, che ha aiutato in modo eccezionale a coprire tutte le spese di cibo e di soggiorno che la famiglia aveva. Javier era incaricato di prendersi cura di suo figlio, pulire la casa e preparare il cibo. Ha cercato di ricoprire bene il ruolo di padre! (Così sono passati alcuni mesi). Rosa e Javier si sono sostenuti a vicenda il più possibile. Tuttavia, secondo Rosa, il lavoro aveva bisogno di un po 'più di dedizione e per questo motivo doveva rimanere qualche ora in più per completare il lavoro. Javier lo capì e diede tutto il sostegno possibile a sua moglie. In questo modo Rosa ha cominciato ad arrivare a casa poche ore dopo; tra le 9 o le 10 di notte ogni giorno. Entrando in questo ritmo di lavoro, non riusciva più nemmeno ad avere il tempo di vedere il suo figlioletto.

Un giorno Sebastian, un giovane che studiava la mattina e lavorava di notte, venne a visitare la casa di Javier. Erano buoni amici, si conoscevano da molto tempo, vivevano nello stesso quartiere quando erano piccoli.

Il viso di Sebastian mostrava preoccupazione. Apparentemente aveva qualcosa nel cuore, e aveva bisogno di esprimerlo prima che l'angoscia per non averlo detto lo travolgesse ancora di più. Fu pieno di coraggio e iniziò a confessare al suo amico, tutto ciò che i suoi occhi avevano visto. Sebastian ha lavorato in un hotel. Ha pulito le stanze dopo che le persone hanno lasciato il servizio di hosting. Ebbene, una di quelle notti, il

giovane studente; per caso, vide Rosa tenersi per
mano con un altro uomo (sembrava molto
affettuosa e attenta). Da quel momento Sebastian
iniziò a seguire le sue orme. Ogni giorno, verso le
otto di sera, la moglie di Javier entrava nell'hotel
con uomini diversi. Poco dopo essere entrata nella
stanza in affitto, i gemiti di piacere della giovane
donna iniziarono a farsi sentire per i corridoi
dell'hotel. Rosa era diventata una prostituta! In
realtà i guadagni che si portava a casa non erano il
prodotto degli arrangiamenti e delle acconciature
che faceva nel salone di bellezza, al contrario,
questo era il risultato del servizio sessuale che
offriva.

All'inizio, Javier non poteva crederci e pensava che
il suo giovane amico stesse calunniando sua moglie
in modo scortese. Ha litigato con lui e lo ha
cacciato di casa.

Javier non disse nulla, e mantenne quella
conversazione nel suo cuore, non voleva che sua
moglie dubitasse di lui e lo accusasse di mancanza di
fiducia. Tuttavia, quelle parole non potevano uscire
dalla sua mente. Ogni giorno i suoi pensieri si
facevano più burrascosi, tanto che, incapace di
resistere più, andava in quel luogo per confermare
se quelle parole del suo amico Sebastian erano
vere. Grande fu la sorpresa quando infatti, stando a

quelle parole, Rosa entrò in albergo mano nella mano con un uomo.

È stata come una pugnalata nel cuore di Javier! Il tradimento di sua moglie lo ferì profondamente. Si sentiva oltraggiato, deriso, arrabbiato, triste e mescolato a sentimenti negativi.

Si dice che non sia bene reagire agli altri quando si è carichi di qualche emozione violenta. È preferibile lasciare che tutta la rabbia e il fastidio svaniscano e, in questo modo, poter parlare con calma quando è prudente farlo. Questo per risolvere nel migliore dei modi tutti i problemi. Comprendendo questo, Javier si ritirò dal posto, non fece scandalo, né pretese nulla da Rosa. Javier ha lasciato il posto deluso! Quando è tornato a casa, ha tirato fuori le valigie e ha cominciato a fare le valigie. Javier ha preso la decisione di lasciare la casa e lasciare tutte le cose in quel modo. Cioè, senza pretendere nulla. Prese le chiavi della sua macchina, arruolò il suo giovane figlio e partì per un viaggio nella città di Lima. Al suo arrivo nella capitale peruviana, un piccolo appartamento è stato affittato per lui e suo figlio. Ha cercato di riuscire a lavorare e, allo stesso tempo, di prendersi cura del suo piccolo. Era difficile!. Tuttavia, Luciano (questo era il nome di suo figlio) divenne la forza trainante più importante della sua vita, anche al di sopra di quel grande dolore che portava nella sua anima.

 Alcuni giorni dopo, si udirono terribili notizie in tutta la città di Ica. Avevano trovato una donna crivellata di colpi al corpo e alla testa. L'intera città ha tremato! Nessuno ha fornito un resoconto delle cause di questo omicidio. L'unica cosa chiara in quella scena era che questa donna era, senza dubbio, la moglie di Javier. Giaceva morta, nuda e con segni di essere stata colpita più volte. Chi l'ha uccisa? Chi l'ha uccisa così crudelmente? La polizia ha iniziato a indagare sul caso. Era necessaria un'azione rapida prima che l'autore iniziasse la fuga.

 Le telecamere di sicurezza nell'area in cui si trovava il salone di bellezza, dove è stato ritrovato il corpo di Rosa, sono state danneggiate. In altre parole, non c'era modo di scoprire chi fosse il soggetto che era entrato al momento dell'omicidio. Tuttavia, le indagini sono state in grado di confermare che la donna era decisamente impegnata nella prostituzione e che aveva un lungo programma di clienti. La polizia ha contattato diversi uomini, per sapere con quanti di quei soggetti Rosa era riuscita ad avere un rapporto più stretto, cioè un rapporto di amicizia, e non solo il rapporto di pagamento in cambio di sesso. Tuttavia, sebbene abbiano cercato di approfondire la questione, le autorità non sono riuscite a trovare nulla di concreto, in altre parole, nessuno di quegli uomini era disposto a collaborare. Quasi la maggior parte dei clienti di Rosa erano uomini sposati e non erano disposti a dare sfogo alla loro privacy. Fu allora che Sebastian decise di collaborare con la polizia. Sentiva che se avesse taciuto, la giustizia lo avrebbe accusato di complicità. Spesso, tutti i casi relativi a reati sono molto delicati e la cosa migliore in questa situazione è collaborare con la giustizia.

Sebastian ha raccontato tutto quello che è successo alla polizia, ha sottolineato la conversazione che ha avuto con Javier e la sua reazione dopo aver appreso che sua moglie usciva con altri uomini. Per il giovane studente, il principale sospettato era Javier. Tutti gli indizi indicavano che era l'autore del crimine. Tuttavia, le accuse che stava facendo sugli eventi accaduti, erano solo la presunzione che aveva nel cuore, ma niente di concreto, né corroborabile.

La polizia ha lanciato un'operazione per catturarlo. Alcuni conoscenti sapevano che viveva a Lima con suo figlio. I media hanno riferito del crimine commesso e hanno pubblicato la foto di Javier pubblicamente in modo che chiunque potesse riconoscerlo e informare le autorità. La legge dice che tutti hanno diritto alla privacy e che sono presunti innocenti fino a prova contraria. Tuttavia,

Javier veniva classificato come un criminale, senza che gli fosse concesso il legittimo diritto di difesa.

Javier è stato arrestato nel distretto di San Miguel - Lima, proprio mentre faceva colazione con suo figlio in un mercato alimentare. Ha opposto grande resistenza, gridando: sono innocente, sono innocente! La polizia non gli credeva affatto. Le persone che sono detenute cercano regolarmente di fare appello alla misericordia quando sono coinvolte in situazioni simili. Per questo motivo, le autorità non gli credettero e lo presero con la forza. Nel mezzo della sua impotenza, Javier pianse quando vide come si era separato da suo figlio, che sembrava disperato, pieno di paura e con le lacrime agli occhi.

Il giudice del caso ha ritenuto che Javier fosse il presunto assassino e ha stabilito che trascorrerà almeno 9 mesi in detenzione preventiva fino a quando il caso non sarà chiarito. Lo Stato prese in custodia il minore e il piccolo Luciano fu portato in una casa di cura per una migliore cura. Javier era solo contro il mondo. Sapeva che la situazione in cui si trovava era estremamente complicata. Non aveva soldi per finanziare la propria difesa, l'intera società lo considerava colpevole, il suo figlioletto era lontano dalle sue cure e soprattutto Rosa, l'unica persona che poteva aiutarlo nel caso, non era più viva. Credeva che tutto ciò che stava accadendo fosse un'enorme ingiustizia. Tutte le indicazioni della sua responsabilità nel caso erano presunzioni e non avevano basi per un procedimento penale. Tuttavia, il desiderio di trovare un colpevole nel caso, ha fatto sì che l'accusa si sforzasse di imputare tutti i fatti.

I crimini contro le donne, descritti come "FEMINICIDA" nel codice penale, sono uno dei più punibili dallo Stato peruviano. La persona che attenta alla vita di una donna, può anche finire per essere condannata all'ergastolo e trascorrere tutta la sua vita in prigione. Il nostro paese è sempre stato un paese sessista, la nostra società ha minato e sottovalutato le donne in modo eccezionale. Omicidi, stupri, tratta di esseri umani, abusi sul lavoro, molestie sessuali e molti crimini commessi contro le donne sono rimasti impuniti nel tempo in diverse occasioni.

Trascorsero così quasi i nove mesi. E mentre Javier attendeva la sua libertà vigilata, l'accusa, desiderosa di vedere l'uomo condannato in via definitiva, ha chiesto al giudice di estendere la prigione preventiva a 18 mesi. Si intendeva raccogliere ulteriori prove per avviare l'accusa. Javier si sentiva arreso e senza speranza! Non avrebbe mai immaginato di cadere in una così grande disgrazia. La cosa peggiore è che nessuno credeva nella sua innocenza; al contrario, la società in generale si aspettava una condanna. Desideravano tutti che questa fosse una lezione e un avvertimento per i grandi criminali che osavano fare del male a una donna.

Tuttavia, il caso ha preso una svolta a 360 gradi, quando due donne sono state trovate morte nelle stesse circostanze di Rosa. Cioè, con colpi alla testa, e avendo la peculiare somiglianza, che praticavano anche la prostituzione. Proprio in quel momento, la giustizia si rese conto che stava inseguendo la persona sbagliata e che avevano preso la crudeltà del male contro il povero Javier. Finalmente Javier è stato rilasciato! Era ora di individuare il vero assassino e di dargli la sua meritata punizione.

Per trovare l'assassino, Sebastian è stato un pezzo chiave. La polizia ha capito che, immancabilmente, chiunque degli uomini che accompagnava Rosa quando era in vita, poteva essere il probabile autore del delitto.

In effetti, questa volta, la polizia ha agito con certezza ed efficienza. Il segreto per trovare il criminale era molto semplice. Bastava sapere se l'uomo che accompagnava Rosa in quell'albergo, quando era viva, era lo stesso che era stato trovato nelle telecamere di sicurezza dei luoghi dove erano state trovate morte le altre due donne. Senza dubbio, l'unico che poteva rispondere a questa domanda era lo stesso Sebastian. La polizia lo ha interrogato per diverse ore, gli hanno fatto vedere le immagini catturate dalle telecamere. E infine, il criminale è stato pienamente riconosciuto da lui.

Purtroppo nel momento in cui tutto questo è venuto alla luce, il criminale era già fuggito dal paese e in questo momento è un fuggitivo dalla giustizia. Quell'uomo era un magnaccia. Aveva l'abitudine di minacciare le sue vittime se non avessero pagato le loro quote per praticare la prostituzione. Da quanto si sa finora è che Rosa non voleva accettare i suoi ricatti ed estorsioni, e per questo motivo fu crudelmente assassinata da lui.

Javier è stato in grado di riconnettersi con suo figlio. Sta cercando di ricostruire la sua vita insieme a lui. Il danno emotivo e psicologico che la separazione ha causato è molto grande. Per questo lo Stato, riconoscendo il suo errore e la sua colpa, gli fornisce il supporto professionale necessario affinché sia lui che Luciano possano andare avanti. Inoltre, gli è stato concesso un risarcimento danni.

Con tutto ciò ho imparato che non si può affrettare le conclusioni. Ho anche imparato che la giustizia non dovrebbe essere messa sotto pressione dalla società che non sa, sulle leggi e le norme che si applicano a tutti gli individui che vivono in un paese.

CAPITOLO 2

Teresa è una donna anziana che si occupava di crescere ed educare Alex, noto anche come il "gringo". Alex è un adolescente di 15 anni che ha condotto una vita molto dura fin dall'infanzia. Suo padre, devoto ai vizi, e sua madre, una donna irresponsabile, lo hanno fatto crescere nel bel mezzo di una burrascosa cerchia familiare. A causa di questa crisi familiare, la nonna di Alex si è occupata della sua tutela e cura; almeno fino a quando non diventa maggiorenne e riesce ad andare avanti con i propri sforzi.

Il posto in cui Alex viveva con la nonna era un brutto posto in cui vivere; dove la droga, i sicari e i cattivi amici abbondavano ovunque. Viveva in un quartiere molto pericoloso nella città di Trujillo, in Perù.

Le bande criminali sono un problema che, fino ad ora, lo Stato non può sradicare dal Paese, e Trujillo è una delle città più pericolose che esistano al riguardo. Queste bande criminali sanno molto bene che i bambini, o gli adolescenti, non sono punibili penalmente, poiché proprio a causa della loro età, non rispondono come un criminale comune davanti alla legge e alla giustizia.

Approfittando di questi vantaggi, le bande criminali spesso reclutano minori per commettere i loro crimini. In questo modo, possono continuare a sfruttare la debolezza dello Stato per perseguire il crimine e continuare a commettere le loro azioni malvagie.

Non ci volle molto perché Alex fosse sedotto da questi delinquenti e fosse coinvolto nei loro misfatti, estorsioni e omicidi. Alex era diventato un criminale in tenera età!

Il nome del giovane Alex (il gringo) era sulla bocca di tutti i peruviani, quando ha commesso un terribile omicidio che ha colpito i cuori e le emozioni di tutte le persone. È stato un omicidio che è stato ampiamente ripudiato da tutta la società peruviana. Alex aveva appena 15 anni quando ha sparato senza pietà a una donna incinta. Non si sentiva dispiaciuto per lei, nonostante il fatto che la donna fosse incinta di 8 mesi. Gli esperti psichiatrici hanno indicato che il comportamento e il carattere di Alex erano insensibili e senza rimorso. È stato portato in un centro di detenzione per minori. Inizia così la sua triste fedina penale.

Qualche tempo dopo, già nel centro di riabilitazione, Alex ha formato un piccolo gruppo di giovani con i suoi stessi problemi. Cioè, adolescenti con problemi di comportamento e con precedenti legali e penali molto simili. L'intenzione dello Stato, come dovrebbe accadere in tutti i casi, è quella di risocializzare l'autore del reato, affinché possa avere una nuova opportunità nella vita, e integrarsi nuovamente nella società; soprattutto, nei casi di giovani come Alex, che a lungo andare possono diventare temibili criminali e assassini. Sfortunatamente, e contrariamente alle aspettative di questo ideale, Alex divenne più audace e acquisì molta più esperienza nell'uso di "armi da taglio" e nell'uso di droghe. Anche se sembrava paradossale, era nello stesso carcere minorile, dove i detenuti potevano trovare tutte queste cose. (Non sto dicendo nulla di nuovo nemmeno con questa affermazione.)

Con il passare dei mesi, Alex ha incontrato il suo rivale in prigione; Era José, un ragazzo con le sue stesse caratteristiche. Entrambi hanno combattuto internamente, per l'egemonia e il potere all'interno della prigione. I due giovani avevano odio l'uno per l'altro e una grande sete di vendetta. Spesso è stato possibile assistere a scontri e scontri tra le bande di entrambi i "leader". E sebbene gli agenti di polizia interni che sorvegliavano questo posto, cercassero di mantenere l'ordine e la calma, era inutile, poiché queste cose sfuggivano sempre dalle loro mani.

Per quanto riguarda la guida dei due giovani, c'era una notevole differenza in termini di personalità. José, da un lato, era un ragazzo con molta empatia nei confronti del suo gruppo; cioè, ha cercato di guidarli da un punto di vista più umano (anche se sembra sarcastico metterla in questo modo, essendo José un criminale comune). Tuttavia; era molto premuroso di fronte alle difficoltà dei suoi amici; Li ha sempre guidati credendo che fossero la sua vera famiglia e ha cercato di instillare in loro un senso di unità e lavoro di squadra. Sebbene José fosse un delinquente, come tutti gli altri, il suo spirito altruista e compassionevole era sempre evidente di fronte ai suoi compagni. Al contrario, "EL GRINGO" ha imposto la sua leadership con la forza e il temperamento aggressivo; Ha sempre instillato la paura negli altri e in questo modo ha ottenuto il rispetto che cercava. Stava solo cercando di raggiungere i suoi obiettivi malvagi, e poco o niente, era interessato ai sentimenti dei suoi compagni. Tuttavia, va notato che sia José che Alex sono stati vittime solo dell'assenza di amore e affetto familiare, inclusa la mancanza di interesse delle agenzie statali per risolvere i loro problemi.

Un venerdì mattina, come al solito, tutte le celle sono state aperte in modo che i giovani detenuti potessero iniziare la giornata con routine di esercizi. Nessuno immaginava che quel giorno si sarebbe trasformato in un giorno di shock e stupore. La scena che hanno incontrato era di terrore. José, il giovane leader, era seduto, con le mani pallide e nessun segno di vita: era morto! È stato colpito alla testa! Nessuno sapeva cosa fosse successo o come fossero avvenuti gli eventi. L'unica cosa certa era che c'era una morte che doveva essere chiarita.

I primi sospetti; naturalmente sono caduti su Alex (il gringo). Hanno immediatamente cercato di rintracciarlo, in modo che potesse dare la sua testimonianza e potesse avere qualche diritto di difesa. Dopotutto, non solo perché quei due giovani avevano una tale rivalità, avrebbe significato imputare deliberatamente una persona.

Hanno cercato Alex in ogni angolo della prigione. Nella sua cella, nei bagni, nel cortile, in cucina, nelle aule studio, nei laboratori di formazione. Ogni angolo della prigione era stato esaminato, ma nessuno sapeva nulla di dove si trovasse. Alex era scomparso; non una singola traccia della sua posizione. Dov'era il "gringo"? Chi aveva ucciso José? Perché c'era un'arma da fuoco nella prigione? C'erano molte domande senza risposta.

Controllando le telecamere di sicurezza, sono stati finalmente in grado di trovare le risposte che desideravano così tanto. Sembrava un film dell'orrore! Nessuno immaginava che quel giovane recluso sarebbe stato così audace e intrepido da osare così tanto. Tutti sono rimasti scioccati nel vedere come Alex ha rubato la pistola a un poliziotto che si era addormentato durante il suo turno di servizio. Era il revolver con cui alla fine uccise senza pietà il suo nemico. Dopo aver commesso l'omicidio, è scappato arrampicandosi sui muretti del carcere per adolescenti. Dopodiché, nessuno lo ha più sentito.

Passarono alcuni giorni; la polizia stava indagando sulla questione. Presumevano che Alex fosse nascosto a casa di sua nonna; È sempre il primo posto in cui scoprono tutte queste cose per catturare i criminali. I prigionieri che scappano di prigione sono sempre alla ricerca di una persona cara che li copra per qualche tempo; Tuttavia, Doña Teresa, la nonna di Alex, è stata sorpresa di apprendere che suo nipote era scappato di prigione. Anche per lei questa notizia è stata una grande sorpresa. Dov'era Alex? Chi lo stava coprendo?

Le domande, e le critiche alla polizia, non hanno aspettato. La stessa società ha cominciato a ripudiare le azioni delle autorità di fronte a questo fatto. Era naturale: l'istituzione che doveva proteggerli e prendersi cura di loro stava fallendo sotto tutti gli aspetti. Se non fossero in grado di proteggere un detenuto, tanto meno potrebbero proteggere i cittadini da tanti criminali che esistono nelle strade. Ancora una volta, l'immagine della polizia nazionale peruviana si è deteriorata.

Come se non bastasse, sui canali televisivi comincia a circolare la notizia di un nuovo omicidio. Un tassista era stato trovato morto! Secondo le testimonianze delle persone che hanno assistito all'incidente, è stato indicato che le caratteristiche del sospettato erano molto simili a quelle del GRINGO (ALEX). Sembrava che il giovane uccidesse le persone per puro piacere, e non gli importava affatto del dolore che poteva causare ai parenti.

Dicono che la debolezza di ogni uomo sia una donna. Il giovane Alex, che era stato rinchiuso in quella prigione per diversi mesi, non aveva visto una donna; sessualmente parlando, per molto tempo. La sua brama di sesso, e il desiderio di sentire un corpo femminile, lo hanno spinto a cercare la sua vecchia ragazza che stava uscendo con lui, poco prima di essere arrestato, e finire nei guai legali. Il suo nome era Martha. Era una giovane donna di soli 16 anni. Era snella, bella, determinata e, soprattutto, leale ad Alex, anche nei misfatti e nelle rapine di routine che commetteva. Ha anche condotto una vita di dissolutezza e poca responsabilità. Alex non avrebbe mai immaginato che, precisamente, il suo amore, il delirio e la gioia per la sua amata Martha, sarebbero stati un pezzo chiave, in modo che la polizia lo trovasse e pianificasse di nuovo la sua cattura.

La sua libertà non durò a lungo, solo poche settimane di fuga, e ancora una volta Alex era dietro una cella di prigione. Tuttavia, la sua azione intrepida lo ha fatto essere riconosciuto e rispettato da tutti. Dai giovani delinquenti del carcere, alla società che lo guardava con stupore e paura. Sfortunatamente, il riconoscimento che ha ricevuto è dovuto a cose cattive, e non a virtù positive che un essere umano può avere.

In questi giorni, Alex deve avere circa 24 anni. La giustizia ha potuto confermare perfettamente la sua partecipazione a 15 omicidi. Tuttavia, le persone più vicine al giovane criminale testimoniano che, in realtà, Alex deve aver ucciso; almeno trenta persone. La sua età lo ha favorito molto per non essere debitamente perseguito da adulto, ironia della sorte, al momento, sta pagando una condanna a 10 anni per possesso illegale di armi, e se si avvale dei sussidi carcerari, presto sarà libero.

Alex è stato mandato in una prigione di massima sicurezza negli altopiani del Perù. Presto finiranno i suoi anni di condanna e sarà un uomo risocializzato, con le stesse opportunità che può avere qualsiasi cittadino peruviano.

Sebbene Alex sia un vero criminale e un "assassino a sangue freddo", non posso fare a meno di sentire che in fondo è solo una vittima della grande indifferenza che esiste in questo mondo. Penso che un bambino non meriti di nascere in una cerchia familiare così "marcia", dovendo portare su se stesso gli errori e le carenze che i suoi genitori possono avere. È così disastroso pensare che dobbiamo portare i bambini nel mondo, solo per il senso e il dovere di riprodurci come esseri umani.

A volte, senza considerare l'impatto emotivo che la nostra irresponsabilità e la nostra mancanza di maturità possono causare sugli altri, fa sì che conducano ingiustamente una vita miserabile che, in realtà, è solo la miseria che noi stessi abbiamo accumulato nella nostra vita. Vale a dire, pagano le nostre colpe. I bambini dovrebbero entrare in questa vita solo per essere felici, per ricevere l'amore dei loro genitori e dei loro cari e per costruire un futuro attraverso i loro sogni.

Sono certo che la società in generale giudichi direttamente il giovane criminale. Nessuno lo vede come una vittima; al contrario, la maggior parte delle persone pensa che sia un pericolo comune e che non dovrebbe essere rilasciato dalla prigione. Purtroppo, Alex ha rovinato la sua vita e sarà emarginato per sempre; Difficilmente gli daranno una possibilità, e le possibilità sono che il giovane Alex, seguirà passi sbagliati e continuerà a commettere crimini orribili. Quando un criminale sconta la pena, di solito non riesce a risocializzare; anche se certamente è il desiderio altruistico che ha lo Stato, ma quello, parlando in modo chiaro e oggettivo, è un desiderio che quasi mai riesce ad essere esaudito.

Teresa, l'anziana donna che ha cresciuto il delinquente, crede finora, ostinatamente, nell'innocenza del nipote. Infatti, quando i media a volte sono riusciti a intervistarla, ha difeso ostinatamente le azioni del giovane assassino. Come alcuni dicono: "Per una madre, i bambini diventano la cosa più sacra della sua vita", e sebbene Teresa non fosse la madre biologica, aveva gli stessi sentimenti di amore e protezione di qualsiasi altra madre che ama i suoi figli.

Speriamo quindi, in modo positivo e con grande speranza, che questo caso sia un'eccezione a quanto già visto in tutti questi anni. Speriamo che Alex diventi un brav'uomo, che abbia opportunità nella vita, che trovi un lavoro e che formi una bella famiglia, come è l'ideale di ogni essere umano. Ma soprattutto che si allontana da tutto ciò che non gli è utile e che non gli consente di raggiungere la felicità e la tranquillità emotiva. Si spera che abbia un supporto psicologico e le autorità saranno in grado di spiegare il dolore che ha sopportato per tutta la sua breve vita.

CAPITOLO 3

Di solito le persone sono tentate in un modo o
nell'altro dal denaro. Questo è precisamente perché
la ricchezza ci dà stabilità materiale, posizione
sociale o qualche vantaggio sostanziale per condurre
una vita comoda senza contrattempi. In effetti, non
c'è niente di sbagliato nel generare ricchezza, purché
lo facciamo in modo onesto, trasparente e senza
danneggiare gli altri. In questo modo, le persone
combattono giorno dopo giorno, con tenacia e
perseveranza, per raggiungere tutti i loro desideri e
obiettivi nella vita. Tuttavia, c'è un piccolo gruppo,
una minoranza umana, che non è disposto a
combattere in modo tradizionale per raggiungere
questa stabilità economica; preferiscono ottenerlo
facilmente e senza alcun sacrificio. Cioè,
preferiscono usare modi inappropriati per ottenere
ciò che gli altri ottengono con vero merito. Essi,
cercando la via illecita, ottengono vantaggi fisici o
materiali, così da diventare partecipanti ad atti
criminali come rapina, frode, estorsione, traffico di

droga, sfruttamento della prostituzione e una serie
di cose che vanno contro il bene comune.

È il caso di Isacco, fin da giovanissimo legato a
reati comuni per ottenere profitti ingiusti; e non gli
importava di danneggiare gli altri, purché ne traesse
beneficio. All'età di 22 anni, è stato condannato e
condannato a trascorrere vent'anni della sua vita in
prigione. Aveva rapito il figlio di un uomo d'affari,
per poi estorcere la famiglia e raggiungere il suo
scopo, che era quello di ricevere un'enorme
ricompensa per il salvataggio del
giovane. Sfortunatamente per lui, la polizia ha
seguito le sue orme e ha finito per catturarlo. In
questo modo, è stato coinvolto in un processo
giudiziario ingombrante che ha finito per dichiararlo
colpevole. Tuttavia, grazie ai benefici del carcere, è
riuscito a ridurre la sua pena in modo simbolico, e
ha finito per lasciare il carcere all'età di 37 anni.

Sappiamo tutti che lo scopo fondamentale dello
Stato è risocializzare il detenuto, dandogli una
nuova opportunità, per coinvolgerlo nuovamente
nella società. In questo senso, lo Stato è molto
interessato che possano apprendere abilità che li
aiutino a dipendere da se stessi, e possano diventare
brave persone, capaci di contribuire alla crescita del
Paese. All'interno degli stessi centri penitenziari, ci
sono laboratori di sviluppo e crescita per i detenuti,

ad esempio, falegnameria, calzolaio, arti plastiche, panetteria, ebanisteria, ecc.

Questi laboratori sono stati molto utili per Isacc, è diventato un grande insegnante di panetteria, che gli ha permesso di andare avanti a poco a poco, formando una bella famiglia e dando ai suoi figli una buona qualità di vita. Ha iniziato come assistente in una piccola impresa, ma in seguito, grazie alla sua vasta esperienza nella preparazione di torte, biscotti e pani, è riuscito a fondare le proprie panetterie che sono diventate molto apprezzate dai clienti. In questo modo, Isaac divenne un uomo d'affari di successo, rispettato e ammirato da molti. Nel corso del tempo, lui e la sua famiglia emigrarono negli Stati Uniti, dove alla fine si stabilirono. Tutto lo sforzo che aveva messo nel suo lavoro iniziò a dare grandi frutti di prosperità. Il fatto che Isacc vivesse negli Stati Uniti non significava che si fosse dimenticato del Perù; Non è stato così! . Potremmo anche dire che ogni tre o quattro mesi Isacc ha visitato la capitale peruviana. Lo faceva spesso, poiché le sue attività operavano qui.

In realtà i motivi per cui Isacc si recava spesso a Lima non erano strettamente commerciali, c'erano anche altri aspetti che per lui erano importanti. Amava molto la vita bohémien; le donne, l'alcol e la droga erano il suo passatempo preferito. Poteva spendere grosse somme di denaro per divertirsi con belle donne e corpi esuberanti. Tutto questo lo ha fatto segretamente dalla famiglia, che credeva fermamente di aver lasciato il suo passato oscuro, per una vita dignitosa e adeguata. Il gusto per le donne era così grande che non aveva remore a investire parte dei suoi soldi nel torbido business della prostituzione, era determinato a costruire il più grande bordello di tutto il nord del Perù.

Le persone che investono in questo tipo di attività acquistano solitamente terreni molto ampi in luoghi lontani dall'area urbana della città. Costruiscono due o tre piani, che sono distribuiti in diverse stanze, dove le prostitute forniscono il loro servizio sessuale. Qui a Lima, ad esempio, ci sono bordelli che hanno più di 150 stanze. Centinaia di centinaia di uomini che camminano per i corridoi, aspettando con impazienza di entrare in una stanza e scaricare tutto lo stress sessuale accumulato dalla mancanza di sesso, la maggior parte degli uomini guarda queste belle donne semplicemente come oggetti sessuali. Ci sono molti che sono single, ma c'è anche una grande percentuale che sono sposati. Davvero non dovrei dirlo, forse sto rivelando qualcosa che molti uomini preferiscono mantenere segreto. È meglio seminare il dubbio che scoprire la verità! .

 Dopo che la costruzione del suddetto bordello fu completata, Isacc si dedicò alla ricerca di signore dell'azienda che lavorassero nella sua nuova, accogliente e redditizia attività. Va notato che, dopo l'esodo venezuelano, quasi un milione di persone sono entrate in Perù, questo ha notevolmente aumentato la prostituzione in tutto il nostro paese, che era pieno di belle donne che venivano dal paese dei Caraibi. Logicamente, molti di questi "uomini d'affari" immersi nella prostituzione, sfruttamento della prostituzione e traffico di esseri umani, hanno astutamente indotto donne ignare a partecipare a questa attività. Allo stesso modo, c'era un altro gruppo di donne che ha deciso volontariamente di dedicarsi a questo lavoro, considerato uno dei più antichi al mondo. Isaac sapeva molto bene dove trovare queste donne, quindi si è coordinato con loro e ha offerto loro un'offerta di lavoro allettante, quasi nessuna donna ha rifiutato la proposta, era redditizia, sicura e vantaggiosa sotto molti aspetti, quindi hanno deciso di farne parte . del progetto che Isaac aveva in mente. Ricordo che in un'occasione chiesi a una prostituta peruviana del business della prostituzione, mi interessava sapere quanto guadagnavano ogni giorno e quali spese facevano per svolgere il proprio lavoro. Lei, in tono molto amichevole, ha risposto:

abbiamo pagato 100 suole per il diritto a una stanza (circa 30 dollari), che possiamo avere dalle 16:00. il bordello apre, fino alle 2 del mattino. in cui si chiude. Questo pagamento include anche 20 preservativi, alcol e sapone liquido.

-E i clienti?

(Ho chiesto). Ha risposto quanto segue: dal lunedì al giovedì, vedo tra 8 e 9 uomini per ogni giorno, ma nei fine settimana l'importo può essere doppio o triplo. Ogni uomo paga $ 15 per il servizio, che gli dà un ritorno di circa $ 1.100 a settimana.

Fabiana (la pazza), Rosita (la piccola) e Cleopatra, sono tre bellissime donne di nazionalità venezuelana che si prostituiscono in modo indipendente. Lavorano in Arequipa Avenue, nel quartiere Lince della città di Lima, quel posto è diventato un noto punto di prostituzione nella capitale peruviana, gli hotel che ci sono in giro facilitano enormemente gli affari oscuri. I servizi sessuali di queste donne sono piuttosto costosi, quasi 70 dollari per un'ora della loro azienda, tuttavia i clienti pagano quei soldi senza pensarci troppo, sanno che queste donne sono di categoria A1. Isacc li aveva già tenuti d'occhio, voleva portare quelle signore nel nord del Perù, a lavorare nel suo bordello. Senza dubbio, aumenterebbero la reputazione della loro sede di recente apertura.

Isacc ha incontrato le tre donne in un noto ristorante della città. Si erano dati appuntamento alle 18:00. La questione che stavano per discutere era ovvia. Isacc aveva pronta una proposta allettante. Sicuramente, come sempre, queste prostitute avrebbero accettato l'affare. È stata un'occasione da non perdere! .

Mentre parlavano e veniva servito il cibo, un uomo salì al secondo piano dove si trovavano tutti. Guardò con cautela, e lasciò il posto senza dire niente, nessuno notò il movimento di quello sconosciuto, nemmeno la sicurezza del locale stesso. Cinque minuti dopo l'incidente, un altro uomo è entrato di soppiatto, ha preso un revolver da un sacchetto di cartone e ha sparato senza pietà a Isacc in testa 2 volte. Il pover'uomo era sdraiato sul tavolo, senza segni di vita, e riempiva il posto di sangue. Le donne che lo hanno accompagnato, terrorizzate da quanto appena accaduto, hanno lasciato i locali e la scena del delitto.

Quello che è successo? Chi erano questi uomini? Perché è stato assassinato? C'erano molte domande senza risposta. L'unica cosa che era chiara in quel momento era che qualcuno aveva ordinato di uccidere Isaac. La polizia ha subito dedotto questa ipotesi, perché gli effetti personali del defunto erano intatti. Un mistero infestava questo omicidio e non c'erano indizi da nessuna parte. Anche le donne che accompagnavano Isacco quel giorno, scomparvero, era come se la terra le avesse inghiottite. La famiglia che si trovava negli Stati Uniti è rimasta completamente scioccata nell'apprendere i fatti.

Gli esperti forensi iniziarono un'indagine approfondita e analitica. Per qualsiasi motivo, questi casi di intrighi e mistero li affascinano. All'inizio delle indagini si riteneva che queste donne e gli assassini non avessero rapporti, ma dopo aver controllato le telecamere di sicurezza dei locali, si sono resi conto che c'erano atteggiamenti sospetti che collegavano gli assassini a queste donne. Ad esempio, pochi minuti prima della sparatoria, una delle prostitute si è alzata dal tavolo e ha iniziato a parlare con qualcuno al telefono. Ogni tanto guardava su per le scale, come se stesse aspettando qualcuno. Tuttavia, nonostante questo dettaglio, non erano prove sufficienti per incriminarli, era necessario qualcosa di più convincente per arrivare a quella conclusione. È stato quando hanno analizzato le immagini della seconda telecamera, dove sono stati sollevati i veri sospetti. Come ho detto prima, l'assassino che ha sparato alla testa ad Isaac portava l'arma in un sacchetto di cartone. Quando il criminale è scappato, senza che se ne accorgesse, questa borsa è caduta in mezzo alle scale. In quel momento, una delle donne in partenza, terrorizzata e allarmata dal suono degli spari, è dovuta rientrare nuovamente sulla scena del delitto. Lo shock è stato così grande per lei che ha dimenticato accidentalmente il portafoglio e il cellulare sul tavolo del defunto. In quel momento, la polizia ha realizzato qualcosa di molto curioso. Quando questa donna è tornata sulla scena, non solo ha preso il portafoglio e il cellulare che aveva dimenticato, ma ha anche impiegato un po 'di tempo per sollevare quella borsa di cartone che il criminale aveva lasciato cadere. Dopo questo, la donna è scomparsa e non è stata più vista. Tutti i sospetti erano scomparsi dalla scena.

Quali validi motivi potrebbero esserci per i criminali per uccidere Isacco a sangue freddo? Sappiamo tutti che questi tipi di omicidi hanno spesso una causa, o qualche ragione che li "giustifica".
Attività losche come il traffico di droga, la prostituzione o il sfruttamento della prostituzione sono questioni estremamente pericolose. In mezzo a questi, sono in costante conflitto, mafie o gruppi armati che cercano di controllare il territorio, o il luogo della domanda e dell'offerta. Ebbene, a quanto pare, Isacco era finito nel posto sbagliato e con le persone sbagliate. Gli esperti di criminalistica hanno stabilito che Isaac negoziava con donne che

erano legate a gruppi che controllavano l'attività della prostituzione. Ogni prostituta che ha negoziato con Isaac era una prostituta che questo gruppo criminale ha perso, questo ha significato per loro una notevole perdita di denaro e di clienti. Ovviamente, questa organizzazione criminale non poteva stare a guardare, dovevano indagare e trovare la persona responsabile della caduta delle loro attività. Purtroppo per Isaac, tutti i sospetti caddero su di lui, era solo questione di tempo, avevano già messo un prezzo alla sua vita.

Dopo un mese, l'uomo che ha sparato a Isaac poteva essere completamente identificato. Era un giovane di cittadinanza venezuelana, aveva circa 25 anni, e svolgeva la funzione di riscuotere le quote da ciascuna delle donne che offrivano i loro servizi sessuali. La polizia ha capito che quest'uomo era solo una parte insignificante del grande legame dell'organizzazione criminale, per questo motivo, non lo hanno catturato immediatamente, l'intenzione della polizia era di seguire le sue orme, e in questo modo, individuare quelle che erano leader in questa organizzazione.

È stato uno degli arresti più ampi e riusciti della polizia nel 2019. Sono state arrestate circa 80 persone. Hitman, spacciatori, magnaccia e un gran numero di prostitute. In effetti, le tre donne che conversarono con Isacco il giorno della sua morte erano tra loro. La pazienza delle autorità è stata essenziale per catturare tutti questi criminali. L'assassino di Isacc è stato usato come "esca" senza che lui se ne accorgesse. Attualmente molte di queste persone vengono processate nel nostro paese e molte altre sono state deportate nel loro paese di origine. L'Interpol li stava cercando intensamente.

Attraverso questo evento, sono stato in grado di capire che la cosa più facile e comoda nella vita non è sempre la migliore per le persone. Forse la strada per il successo può diventare lunga e difficile per alcuni, e forse non saremo mai in grado di raggiungerla; come nel caso di molte persone in tutto il mondo; Tuttavia, l'ambizione e l'avidità non possono renderci ciechi di fronte al dilemma di sapere come scegliere tra il bene e il male. È molto meglio cercare di fare le cose con perseveranza, impegno e onestà, piuttosto che dover vivere in modo instabile e con paura a causa delle nostre cattive azioni. Le attività illecite sono altamente redditizie, ma anche estremamente pericolose. Una persona non è in grado di vivere con calma, con l'idea di sapere che qualcuno non supporta la sua esistenza, o che sta solo aspettando il momento giusto per eliminarlo e toglierlo di mezzo. Come dice un proverbio; "LA RADICE DI TUTTO IL

MALE È L'AMORE DEL DENARO". Isacco non poteva misurare le conseguenze delle sue ambizioni e dei suoi vizi e finì per perdere tutto ciò che aveva. Ha perso la sua famiglia, la sua ricchezza e, soprattutto, la SUA VITA.

CAPITOLO 4

Ogni giorno, esattamente all'una del pomeriggio, Marcela aspettava la figlia sulla porta di casa. Sua figlia Jimena, una ragazza di 11 anni, studiava in una scuola a pochi isolati di distanza. La madre di famiglia non dava molta importanza alla sicurezza della figlia, la breve distanza tra la scuola e la sua casa, oltre al comando dei carabinieri che, c'erano tra questi due luoghi, le facevano avere piena fiducia che sua figlia sarebbe arrivata senza intoppi. Quel giorno, Marcela aveva preparato una zuppa deliziosa, conosceva molto bene i gusti di sua figlia, quindi voleva viziarla con cibo delizioso per via dei buoni voti che le portava ogni mese. Sua figlia stava crescendo e ne era felice e orgogliosa. Come ogni madre, voleva con ansia condividere più tempo con lei, il duro lavoro che esisteva nella panetteria di suo marito, non le permetteva di godersi abbastanza la sua bambina, quindi quando era ora di pranzo, ha cercato di sfruttare al meglio il tempo per parlare e ridere un po 'con la ragazza. Il lavoro spesso ricarica la vita delle persone, impedendo loro di godersi le cose più semplici della vita.

 La distanza tra la scuola e la casa era di soli 5 minuti, quindi Jimena non avrebbe dovuto impiegare molto per arrivare. Il cibo era caldo, come piaceva alla ragazza, tutto era in ordine, e Marcela aspettava con impazienza alla porta di casa sua. Per qualche ragione, che all'epoca non era stata compresa, Jimena stava impiegando più tempo del solito, 20; 30; Erano passati 40 minuti e non c'era traccia della ragazza da nessuna parte. Marcela pensava che la sua bambina potesse aver avuto qualche contrattempo con un'insegnante o con qualche compito incompiuto, così è andata a scuola per sapere con certezza cosa stava succedendo, e in questo modo si libera dalla preoccupazione una volta per tutte. che era cresciuto nel suo cuore. Quando Marcela si è avvicinata alla scuola, le hanno detto che sua figlia era partita alla solita ora e che non c'era bisogno di farli rimanere più a lungo a causa di compiti in sospeso o qualcosa di simile. Fu in quel momento, quando il cuore della giovane madre fu colmo di un sentimento negativo che le fecc pensare al peggio. La donna chiamò suo marito, credendo che per sbaglio sua figlia fosse andata direttamente al lavoro del padre, tuttavia Ruben, come veniva chiamato suo marito, le disse che la ragazza non era in quel posto.

Jimena era una ragazza di casa sua, era improbabile che stesse giocando in un parco con altri bambini. Inoltre, sapeva molto bene che la prima cosa che doveva fare era riferire ai suoi genitori non appena finivano le sue lezioni. La scomparsa di Jimenita era un mistero, nessuno ha dato una ragione per la sua posizione. Com'era possibile che una minorenne fosse scomparsa in un luogo dove tutti la conoscevano? Dov'era Jimena? Chi ha visto la ragazza per l'ultima volta? Tutti facevano le stesse domande, ma nessuno capiva come fosse scomparsa. Il sole è tramontato e la notte è scesa in un batter d'occhio, la notizia era già sulla bocca di tutti, anche la stampa era a posto. Marcela era disperata, temeva il peggio, il quartiere era molto pericoloso e si sapeva che molte persone con una vita brutta infestavano il posto. La sicurezza dei cittadini è un grattacapo per tutti i peruviani e nessuno si sente al sicuro con così tanti criminali in libertà.

I giorni passavano e le televisioni aspettavano notizie che aiutassero a chiarire il fatto. L'intera società era attenta a qualsiasi risultato, nel centro di Lima si sono svolte marce imponenti, chiedendo che lo Stato peruviano trovasse rapidamente la bambina e la riportasse tra le braccia della madre. La scuola che Jimena frequentava era adiacente a una stazione di polizia, i vicini non capivano come fosse possibile che la stessa polizia non sapesse assolutamente nulla di quanto accaduto. Qualcuno stava cercando di nascondere i fatti? Era troppo presto per dire una cosa del genere, ma la verità era che le azioni della polizia lasciavano molto a desiderare. La corruzione è diventata così grande nel nostro paese che anche i cittadini non si fidano più delle istituzioni pubbliche come la magistratura o la polizia nazionale peruviana.

Sono passati cinque giorni da quando si sono verificati i fatti, fino a quando finalmente un giovane tassista ha rivelato alla polizia un evento orribile e terrificante. Non c'era da credere! Stavano per scoprire un terribile omicidio.

Il giovane tassista aveva testimoniato alla polizia che c'era un cadavere in un sacco e che bruciava con il fuoco nei bidoni della spazzatura vicino alla scena. L'ha scoperto per caso mentre guidava la zona con la sua auto. La cosa più agghiacciante è stata che, quando ha guardato attentamente quel nodulo bruciante, è riuscito a percepire il viso di una ragazza. Il giovane era completamente scioccato, quindi si è precipitato a denunciare l'accaduto alla polizia. Avevano tutti una grande paura che quel corpo che bruciava fosse quello della piccola Jimenita. Andarono rapidamente sul posto, entrambi vicini, come esperti forensi, e in effetti; Era vero quanto narrato dal giovane tassista, il corpo di un'adolescente ardeva tra le fiamme del fuoco. Hanno versato sabbia e acqua per spegnere le fiamme e in questo modo impedire al corpo di continuare a bruciare. Era fondamentale mantenere intatto il corpo per localizzare il presunto autore del macabro crimine.

Marcela e suo marito sono corsi sul posto angosciati, dopo che i vicini li hanno informati di tutto quello che stava succedendo. Per loro, tutto ciò che stavano vivendo in quel momento era come un terribile incubo. Quando i pubblici ministeri sono arrivati, hanno proceduto a rimuovere e sollevare il corpo e, purtroppo, tutti i sospetti sono finiti per essere veri. Era il corpo di Jimenita! Era stata assassinata e torturata crudelmente. Le urla strazianti di Marcela e il grido di rassegnazione di Ruben erano indescrivibili, posso solo riassumere che il suo dolore e la sua tristezza sono diventati la sofferenza di tutti i presenti nel luogo. Una vita che stava appena iniziando a fiorire, e che era piena di vitalità, è stata brutalmente portata via da un uomo malvagio che non aveva il minimo concetto di vita e amore.

Chi era il depravato che ha ucciso Jimenita? Dove

è stata vista l'ultima volta? Quali persone hanno avuto contatti con lei prima della sua morte? Tutte queste domande sono state poste da esperti forensi. Avevano bisogno di localizzare l'assassino prima che la società perdesse il controllo e tutto gli sfuggisse di mano. Un simile omicidio non può rimanere impunito in alcun modo, soprattutto quando la sua vittima è minorenne. La possibilità di non trovare la persona responsabile dell'omicidio può creare una certa instabilità emotiva in tutti i genitori, che cercano solo un ambiente sano e piacevole in cui i loro figli possano crescere e svilupparsi normalmente.

Al momento di portare il cadavere nell'area della medicina legale, al fine di conoscere le cause della morte, il medico legale è stato in grado di stabilire che Jimenita era stata strangolata, provocando una grave lesione cerebrale e polmonare che le ha tolto la vita . Inoltre, sono state riscontrate lesioni nella zona genitale del minore, il che ha portato gli esperti a pensare che Jimenita fosse stata violentata e successivamente strangolata, ma tutto ciò era ancora oggetto di indagine, se non avessero trovato il criminale, non avrebbero potuto sapere per scienza certo cosa era successo.

Il reato di stupro di minori ha pene molto elevate, non solo in Perù, ma anche nella maggior parte dei paesi del mondo. Nel nostro caso il codice penale punisce con pene non inferiori a vent'anni chi osa commettere questo reato, e se porta alla morte della vittima (il minore) può arrivare all'ergastolo. Questo riferimento può variare a causa dei diversi aggiornamenti del codice penale, ma in generale sono così duri.

Il reato di stupro non viene analizzato solo da un punto di vista giuridico, ma anche da un campo psicologico, psichiatrico e persino antropologico. Quali aspetti psicologici ed emotivi possono indurre una persona a commettere questi atti deplorevoli? Che responsabilità ha lo Stato in riferimento a questi crimini? In che modo la società sta fallendo in modo che le persone non siano formate con valori e mentalmente sane? In generale, le persone comuni tendono a non prestare attenzione a questi aspetti, ma sono molto importanti per fornire soluzioni in futuro.

Immediatamente dopo aver trovato il corpo di Jimenita, la polizia è andata a lavorare per trovare il criminale. Avevano poco tempo per trovare gli indizi che avrebbero consentito la localizzazione dell'assassino, la paura più grande che esisteva in quel momento era che il presunto autore del crimine fosse scappato e non fosse più sulla scena. La prima cosa che hanno fatto è stata controllare le telecamere di sicurezza che erano state collocate in diversi punti strategici del sito; Era qualcosa che dovevano fare molto tempo prima, ma la negligenza delle autorità ha permesso loro di perdere quel tempo prezioso.

Quando hanno esaminato tutte le registrazioni, si sono resi conto che in effetti Jimenita aveva lasciato la scuola alla solita ora, era sola e stava tornando a casa come al solito. Tuttavia, nel corso del suo viaggio, si è potuto notare qualcosa di strano; Un uomo di circa 45 anni si è fermato a parlare con lei, l'individuo indossava una polo blu e pantaloni neri, inoltre trasportava una bicicletta rossa. Nella scena si poteva notare che Jimenita parlava con l'uomo in modo naturale, non sembrava esserci nulla di sospetto in quella conversazione, tuttavia, rivelando il contenuto del video seguente, si poteva vedere come Jimenita se la fosse cavata bicicletta del soggetto. Girarono intorno al parco, poi scomparvero dall'angolazione su cui stavano mettendo a fuoco le telecamere. Chi era quest'uomo? Perché Jimenita è salito sulla bici con uno sconosciuto? Dove sono andati?. La polizia aveva un interesse particolare nel riconoscere che l'uomo, per questo motivo, ha portato tutte le immagini ei video nell'area criminale, lì hanno sofisticati dispositivi per identificare rapidamente i volti e le caratteristiche particolari che ogni persona ha.

Non ci volle molto perché scoprissero che questo soggetto era un noto tossicodipendente che frequentava il posto, la polizia lo conosceva molto bene, poiché spesso interveniva facendo uso di droghe. Tuttavia, la questione non si è fermata qui, la cosa più sorprendente del caso è stata che quest'uomo era in libertà, nonostante il fatto che due donne lo avessero già denunciato per stupro. La gente non capiva come un soggetto così pericoloso potesse camminare liberamente per le strade. Le autorità hanno messo in atto un piano per catturarlo, ma purtroppo, quando sono arrivati a casa sua, il sospetto era già fuggito. La polizia era ancora una volta a mani vuote, si temeva che il delitto sarebbe rimasto impunito e che la morte di Jimenita non avrebbe trovato giustizia. Trascorsero così diverse settimane, senza avere la minima idea di dove fosse il criminale. Fu allora che, dopo circa un mese, la polizia ricevette un'altra denuncia presso la loro sede in una provincia del Perù. È stato a Ica, una città vicino alla capitale, che è stata ricevuta una nuova denuncia, una giovane donna, sulla ventina, aveva testimoniato davanti alle autorità di essere stata vittima di un indebito contatto da parte di un uomo. Furono le urla della giovane donna, che allertarono i vicini che subito uscirono per aiutarla, l'uomo, vedendosi circondato da tutta quella gente, fuggì velocemente dal luogo. Questo fatto è stato estremamente importante, poiché le persone che sono accorse in aiuto della giovane hanno aiutato a identificare l'aggressore.

Passarono solo poche ore, finché finalmente l'uomo fu arrestato, si chiamava Oscar ed era l'assassino di Jimenita! Tutto lo sforzo e il sacrificio che sono stati necessari per prenderlo sono stati ripagati. Poteva essere rapidamente identificato dalle sue caratteristiche fisiche e dagli abiti che indossava in quel momento. Fu sorvegliato e portato di nuovo nella capitale, dove avrebbe affrontato il suo processo penale e avrebbe ricevuto la condanna. L'analisi psichiatrica di lui, ha portato alla seguente relazione: "presenta un impulso sessuale esacerbato, le sue relazioni affettive tendono ad essere conflittuali e instabili, con un marcato modello di distacco emotivo nei confronti dei suoi partner, che percepisce come oggetti sessuali.. Feel l'entusiasmo per avere potere e controllo sull'altra persona, denota freddezza e mancanza di scrupoli nelle loro azioni, non mostrando sentimenti di colpa o rimorso per gli atti commessi, le loro azioni denotano pianificazione e controllo della situazione.

In altre parole, era un uomo freddo e calcolatore.

Oscar ha anche raccontato come ha perpetrato

l'omicidio. Secondo il suo racconto, ha intercettato Jimenita quando stava lasciando la scuola. Stava guidando una bicicletta rossa, con la quale ha intenzionalmente investito la ragazza. Oscar finse di essersi fratturato un dito, questo, con l'intenzione di ingannare la piccola Jimenita, e farle credere che fosse lei la colpevole dell'incidente. Ha parlato con lei brevemente, dicendole che era necessario parlare con i suoi genitori in modo che si prendessero cura delle spese mediche. La sua vera intenzione era che Jimena salisse sulla moto e in questo modo potesse portarla in un luogo più discreto e desolato. La ragazza, innocentemente e ingenuamente, ha fatto tutto ciò che Oscar ha suggerito in quel momento. Purtroppo la ragazza non aveva modo di conoscere le cattive intenzioni di Oscar. In linea con il suo pensiero perverso, l'uomo ha portato la ragazza in un campo di calcio abbandonato, dove alla fine l'ha violentata e strangolata spietatamente.

Oscar ha lasciato il corpo senza vita della ragazza, nascosto nel vecchio bagno che c'era in quel luogo. Non voleva sollevare sospetti, era molto presto, e la gente poteva notare uno strano movimento se si azzardava a rimuovere il cadavere per portarlo in un altro posto. Così, ha deciso di lasciarlo lì per un paio di giorni.

Dopo 3 giorni, è tornato con sacchi e buste di

plastica per rimuovere il cadavere dal luogo e portarlo a casa sua dove lo avrebbe nascosto per altri due giorni. Tutto questo ha fatto nella profonda oscurità della notte, in ore in cui quasi tutti riposavano. Oscar ha dormito con il cadavere per due notti, fino a quando il quinto giorno, ha deciso di cancellare ogni traccia del delitto, aveva deciso di bruciare il corpo, e di farlo sparire completamente. Sfortunatamente per lui, mentre cercava di far sparire tutte le tracce, uno sconosciuto ha iniziato a infestare il luogo con la sua macchina. Il fuoco stava già bruciando il corpo di Jimenita, ma quello sconosciuto non se ne stava andando. Fu allora che Oscar decise di fuggire e lasciare il corpo in fiamme. Il resto è già storia conosciuta.

Hanno condannato Oscar alla pena massima, nonostante il fatto che il suo avvocato abbia cercato di denunciare la follia in modo che la giustizia abbia un qualche tipo di considerazione su di lui. Tuttavia, non gli è servito, il giudice del caso è stato molto severo e gli ha dato una punizione esemplare.

Nelle carceri peruviane ci sono molti tipi di criminali, ma in mezzo a tutti loro, c'è un tipo di criminale che loro stessi detestano e con cui non possono coesistere facilmente. Questi sono i

VIOLATORI. Ho sentito che ogni stupratore che entra in prigione vive un vero inferno al suo interno. Gli danno un enorme pestaggio di benvenuto, e poi 4-5 detenuti violentano sessualmente il criminale. In questo modo, gli stessi detenuti rendono giustizia a tutte le vittime di questi stupratori.

Non condivido la violenza, né cerco di elogiare questo problema, ma a volte penso che la vita dia a tutti ciò che meritano davvero.

www.ingramcontent.com/pod-product-compliance
Lightning Source LLC
Chambersburg PA
CBHW031513150726
47990CB00007B/3003